heme reat an

고흐　　인상파　　고갱　　프랑스 아를　　자화상

글쓴이 박형철
아동문학가입니다. 월간문학상, 한국문화진흥재단 문예최우수상, 대통령상 등을 받았습니다. 작품으로는 〈보길도의 아침〉, 〈봄〉, 〈아침 이슬〉 등이 있습니다.

그린이 황유리
이화여자대학교 유아교육과를 졸업했으며, 프리랜스 일러스트레이터입니다. 1999년 한국출판미술대전 동화 부문에서 특선을 받았습니다. 작품으로는 〈시끌시끌 과자〉, 〈바다로 찾아가는 요술쟁이〉, 〈이솝 우화〉 등이 있습니다.

펴낸이 김준석　**펴낸곳** 교연미디어　**편집 책임** 이영규　**리라이팅** 이주혜　**디자인** 이유나　**출판등록** 제2022-000080호　**발행일** 2023년 2월 15일
주소 서울시 관악구 법원단지 16길 18 B동 304호(신림동)　**전화** 010-2002-1570　**팩스** 050-4079-1570　**이메일** gyoyeonmedia@naver.com

*이 책에 실린 글과 그림의 무단 복제 및 전재를 금합니다.

【예술과 문화를 꽃피운 위인들】

고 흐

-인상파 화가 이야기-

박형철 글 | 황유리 그림

네덜란드

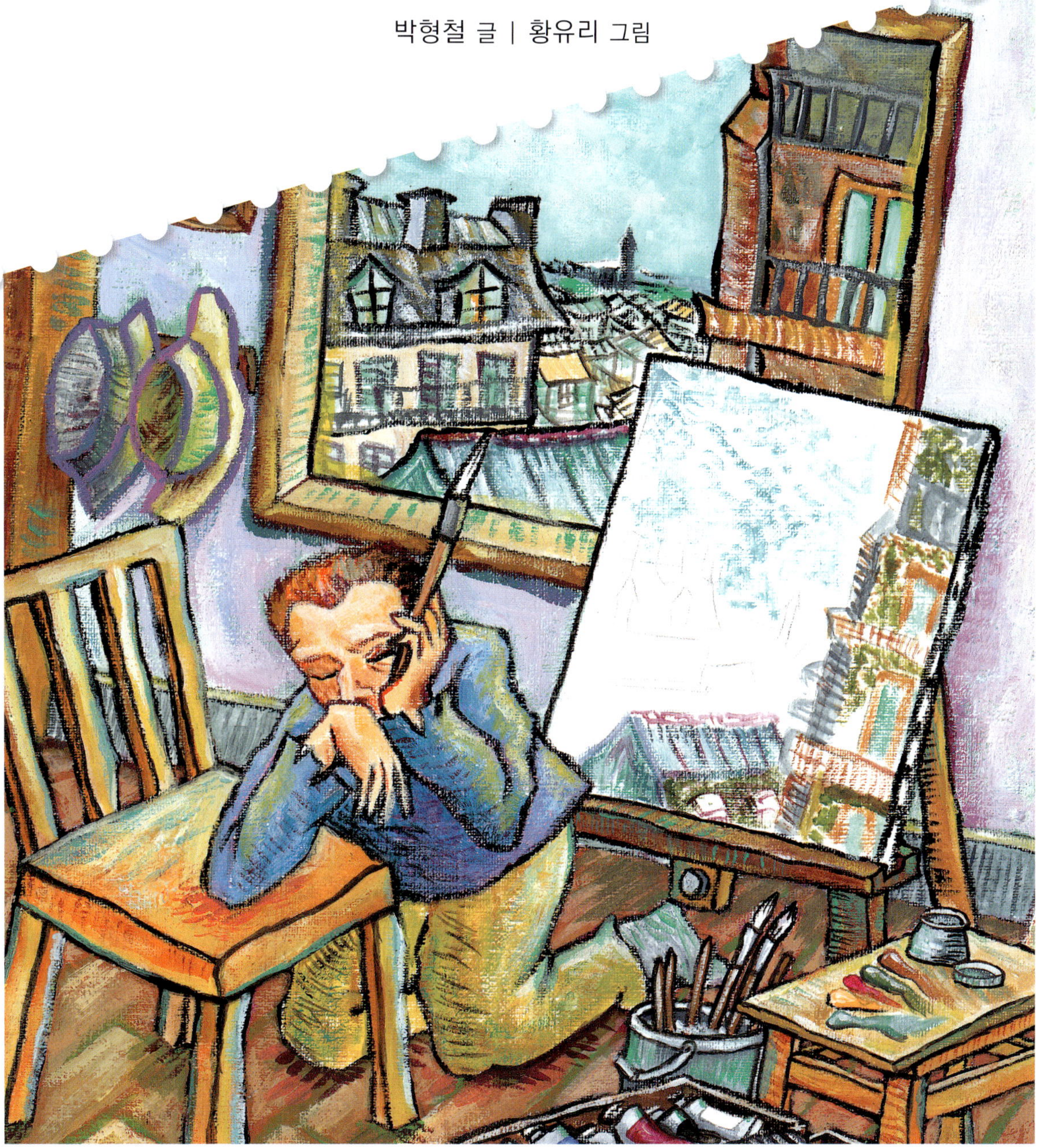

고흐가 할말이 있는 듯, 엄마 주변을 뱅뱅 맴돌았어요.
"빈센트, 엄마한테 무슨 할말이라도 있니?"
잠시 머뭇거리던 고흐는 어렵게 입을 열었어요.
"엄마, 학교에 안 가면 안 돼요?"
고흐는 *기숙사 학교에 다니고 있었어요.
"왜 학교에 가기 싫은 건데?"
"가족과 떨어져 있고 싶지 않아요."
결국 고흐는 집에서 가정교사에게 교육을 받았답니다.

*기숙사는 학생들이 먹고 잘 수 있도록 학교에서 마련한 곳이에요.

고흐는 조용하고 *내성적인 아이였어요.
홀로 드넓은 들판을 돌아다니기 좋아했지요.
그러다가 마음에 드는 것을 발견하면
망설이지 않고 연필과 종이를 꺼내들었어요.
"난 그림을 그릴 때가 제일 행복해."
하얀 종이 위로 고흐의 꿈이 아름답게 펼쳐졌답니다.

*내성적은 감정 따위를 겉으로 드러내지 않고 마음속으로만 생각하는 것이에요.

고흐가 열여섯 살 때 삼촌이 아버지에게 말했어요.
"빈센트가 그림을 좋아하니 *화랑에서 일하게 하는 게 어때?"
"그거 좋은 생각이군."
이렇게 해서 고흐는 헤이그에 있는 구필 화랑에서 일하게 되었어요.
고흐는 매일매일 그림을 볼 수 있어서 행복했답니다.

*화랑은 미술품의 전시, 판매가 이루어지는 곳이에요.

하지만 손님들을 상대하며
그림을 파는 일은 쉽지 않았어요.
"저기 걸려 있는 그림을 사겠어요."
"저 그림은 별로 좋은 그림이 아닙니다."
"아니, 내가 저 그림이 좋다고 하는데
당신이 무슨 상관이에요?"
자신의 주장이 강했던 고흐는
손님들과 종종 말다툼을
벌이기도 했어요.
결국 고흐는 화랑을
그만두게 되었답니다.

'이제 나는 어떻게 해야 하지?'
*방황하던 고흐는 기도를 하며
힘든 마음을 달랬어요.
"그래, 목사가 되어 나 같은 사람들을
위로하며 살아가자."
고흐는 신학을 공부하기로 결심했어요.
하지만 정식으로 전도사가 되지는 못했답니다.

*방황은 목표를 정하지 못하고 어찌할 바를 몰라 갈팡질팡하는 거예요.

고흐는 *선교를 하기 위해
벨기에의 어느 광산촌으로 갔어요.
그곳 사람들은 고된 일을 하며
힘들게 살아가고 있었어요.
고흐도 사람들과 함께 일을 하며
선교 활동을 하였답니다.

*선교는 종교를 전도하여 널리 알리는 거예요.

한편, 고흐의 동생 테오는
*화상으로 일하고 있었어요.
테오는 고흐가 계속 그림을
그릴 수 있도록 응원해 주었지요.
"형, 이제 본격적으로 그림을 배워서
그려 보는 건 어때? 내가 도와줄게."
테오는 고흐에게 선생님도 소개해 주고,
학비도 보태 주었답니다.

*화상은 그림을 팔고 사는 일을 하는 사람이에요.

하지만 고흐는 사람들과 잘 어울리지 못했어요.
결국 고향으로 돌아온 고흐는
자신이 좋아하는 화가들의 작품을 보면서
혼자 그림 공부를 하였어요.
"좋은 그림이란 분위기와 감정을
꾸미지 않고 있는 그대로 전달하는 거야."
이렇게 해서 완성된 작품이 바로 식탁에 둘러앉은
농부 가족을 그린 〈감자 먹는 사람들〉이랍니다.

그 무렵, 아버지가 세상을 떠났어요.
'여기서는 더 이상 그림을 그릴 수 없을 것 같아.'
슬픔에 빠진 고흐는 고향을 떠나 파리로 갔어요.
고흐는 파리에서 인상파 화가들의 작품을 둘러보았어요.
폴 고갱을 만나 친해지기도 했지요.
고흐는 특히 *들라크루아의 자유로운 색채 표현을 좋아했어요.
그 영향을 받아 색과 붓놀림이 점점 대담해졌답니다.

들라크루아의 〈민중을 이끄는 자유의 여신〉
외젠 들라크루아는 프랑스의 화가로, 그의 색채 사용법은 인상파 화가들에게 영향을 주었어요.

이후 고흐는 남프랑스에 있는 *아를로 갔어요.
지중해의 따뜻한 날씨와
아를의 아름다운 풍경 덕분에
고흐의 마음도 희망으로 가득 찼지요.
고흐는 밀밭과 포도밭, 밤의 거리 등
눈앞에 펼쳐진 모든 것을
자신만의 색으로 그려냈답니다.

고흐의 〈론 강의 별이 빛나는 밤〉
론 강이 흐르는 프랑스의 아를은 고흐가
사랑했던 도시예요.

하지만 시간이 지날수록 모든 것이 시들해졌어요.
"고갱을 만나고 싶어."
고흐는 테오에게 고갱을 보내 달라고 부탁했어요.
하지만 고흐와 고갱은 서로 다른 성격 때문에 자주 다투었어요.
고흐는 고갱과의 말다툼 끝에 자신의 귀를 잘라 버리기도 했대요.
"더 이상 이렇게 지낼 수는 없어."
고갱은 결국 떠나 버렸고, 고흐는 정신병원에 가게 되었어요.
그곳에서 고흐는 붕대로 귀를 감은 *〈자화상〉을 그리는 등
그림을 그리며 마음을 다잡고자 노력했어요.

*자화상은 화가 자신이 스스로 그린 자기의 초상화예요.

하지만 우울한 기분은 계속해서 고흐를 괴롭혔어요.
게다가 테오가 자신 때문에 곤란한 상황에 빠지자
*자책감에 시달렸지요.
결국 고흐는 스스로 목숨을 끊고 말았답니다.

*자책감은 스스로를 나무라거나 꾸짖으며 못마땅하게 여기는 거예요.

고흐

따라잡기

1853년	네덜란드의 쥔더르트에서 태어났어요.
1869년	헤이그에 있는 구필 화랑에서 일하기 시작했어요.
1879년	벨기에의 광산촌에서 선교 활동을 하였어요.
1880년	동생 테오의 제안으로 본격적으로 그림을 배우기 시작했어요.
1883년	부모님과 함께 지내며 그림을 그리는 일에 몰두했어요.
1886년	프랑스 파리에 있는 동생 테오에게로 갔어요.
	인상파의 화법에 관심을 가지며, 자신만의 개성적인 화풍과 붓놀림을 창조해 냈어요.
1887년	폴 고갱과 친구가 되었어요.
1888년	프랑스 아를에서 자신만의 색을 표현했어요.
	고갱과 함께 지냈지만 다툼이 생겨 헤어졌어요.
1889년	정신병원에 입원했어요.
1890년	스스로 목숨을 끊었어요.

고흐
연관검색

색의 창조자, 인상파 화가들

마네의 〈풀밭 위의 점심식사〉

인상파는 태양빛에 따라 변하는 모습을 자신만의 느낌으로 자유롭게 표현하려는 화풍을 말해요. 인상파 화가들은 대상을 자기만의 느낌으로 단순화하여 그리곤 했어요. 그러나 이러한 기법이 오히려 비슷하게 작용하여 개성을 없애는 결과를 가져왔답니다. 하지만 밝고 화려한 그들만의 색은 인상파의 특징으로 자리잡았지요. 인상파의 대표적인 화가와 작품을 살펴보면 다음과 같아요.

에두아르 마네-〈풀밭 위의 점심식사〉, 〈올랭피아〉 등.
클로드 모네-〈인상:해돋이〉, 〈양귀비 들판〉 등.
카미유 피사로-〈빨간 지붕들〉, 〈오후의 생토노레 거리, 비의 효과〉 등.
에드가 드가-〈발레 수업〉 〈카뮈 부인〉 등.
피에르 오귀스트 르누아르-〈객석〉, 〈물뿌리개를 든 소녀〉 등.

고흐의 친구, 고갱

고갱이 머물렀던 타히티

회사원이었던 폴 고갱은 직장을 잃은 후, 화가의 길을 걷기 시작했어요. 고갱은 여러 곳을 떠돌며 작품 활동을 하였어요. 동료들과 예술가 마을을 이루고 살기도 했으며, 서인도 제도의 마르티니크 섬, 고흐가 있던 아를, 남태평양의 타히티에서도 지냈답니다.

르누아르의 〈물뿌리개를 든 소녀〉

PHOTO ALBUM

빈센트 반 고흐의 〈자화상〉

고흐의 나라 네덜란드(암스테르담)

고흐의 〈해바라기〉

귀를 자른 고흐의 〈자화상〉

고흐가 작품 활동을 했던 프랑스의 아를

고흐

사진첩

고흐의 〈감자 먹는 사람들〉

고흐의 〈삼나무와 별이 있는 길〉

고흐의 〈별이 빛나는 밤〉

고흐의 〈까마귀가 있는 밀밭〉

네덜란드 암스테르담에 있는 반 고흐 미술관

고흐와 그의 동생 테오의 묘